Soy Carlos

Camilla Given

DEDICACIÓN

This book is dedicated to every person out there learning a new language. I hope this book helps you with your basic Spanish!

AGRADECIMIENTOS

Thank you so much to my children for their endless support and ideas.
Thanks to my dear friend Nikki for being so excited to see every new picture.
Many thanks to Josie for being so willing to edit my work.
Your support is priceless!

CAPÍTULO 1:

HOLA, SOY CARLOS

Hola, soy Carlos.

Soy un chico.   No soy una chica.

Soy alto. No soy bajo.

Tengo pelo corto. No tengo pelo largo.

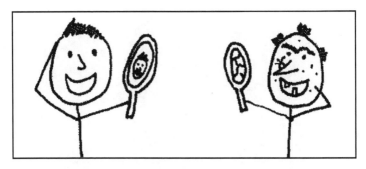

Soy guapo. No soy feo.

Soy inteligente. Tengo muchas ideas.

También soy chistoso.

Joke: What does a fish do? He swims/nothing

Soy flaco. No soy gordo.

Soy fuerte. Tengo músculos grandes.

Soy atlético. Corro en el parque.

Corro rápido.

Corro en la mañana.

Corro en la tarde. No corro en la noche.

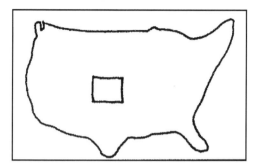

Vivo en los Estados Unidos en el estado de Colorado.

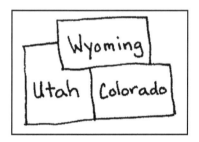

Vivo en Colorado, pero no soy de Colorado.

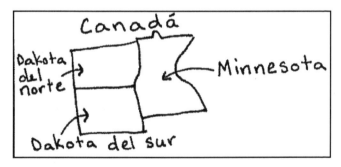

Soy de Minnesota.

Mi mamá vive en Minnesota.

Mi padre también vive en Minnesota.

Yo no vivo en Minnesota. Vivo en un apartamento en Colorado.

Vivo con mi amigo Marco.

Tengo diecinueve años.

Mi cumpleaños es el quince de agosto.

Celebro mi cumpleaños con una fiesta.

Mi color favorito es azul.

El cielo es azul.

El agua es azul.

Mis ojos son azules.

¡Me gusta el color azul!

Me gustan muchas cosas. Pero no me gustan otras cosas.

Me gustan las fresas.

¡No me gustan las bananas!

Me gusta acampar en las montañas.

También me gusta caminar en las montañas.

¡No me gusta mirar osos en las montañas!

Me gusta leer muchos libros.

¡No me gusta
escribir!

¡No me gusta
cantar!

Me gusta comer. Como muchas
hamburguesas.

Me gusta el pastel.   ¡No me gusta el
                        chocolate!

¡No me gusta lavar los platos!

Me gusta bailar.   Pero no bailo en
                     la mesa.

¡Vuelta, vuelta!

Place your left hand on the left page, grasp the corner of the right page with your right thumb and finger and quickly flip the right-hand page back and forth.

¡Bailo con amigos!   ¡Vuelta, vuelta!

Camilla Given

¡Baila, baila!

Soy estudiante de arte en la universidad.

Estudio arte clásico y arte religioso.

Estudio arte surrealista y arte abstracto.

En la tarde trabajo en un restaurante elegante.

Me gusta el trabajo porque gano mucho dinero.

También, ¡la comida es deliciosa!

Soy Carlos y soy interesante.

CAPÍTULO 2:

LA FAMILIA DE CARLOS

En mi familia hay cinco personas.

Mi madre se llama Elsa.

Mi padre se llama Juan Carlos.

Mi hermana es Susi. Mi hermano es Eric.

Mi mamá, Elsa, tiene cuarenta y siete años.

Su cumpleaños es el veintiséis de marzo.

Tiene pelo café y ojos azules.

Mi madre es maestra.

Mi madre es estricta.

Pero mi madre también es cariñosa.

Mi madre es activa.

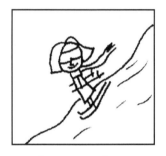

Le gusta esquiar.

Le gusta explorar.

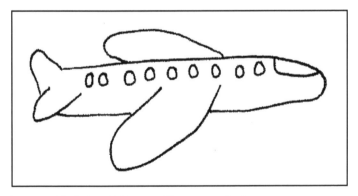

Su actividad favorita es viajar.

El color favorito de mi madre es amarillo.

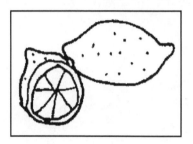

El limón es amarillo.   El sol es amarillo.

¡Quiero mucho a mi mamá!

Mi papá, Juan Carlos, tiene cincuenta años.

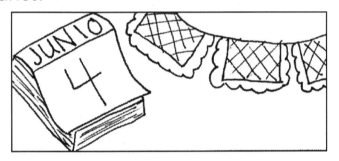

Su cumpleaños es el cuatro de junio.

Mi padre es moreno. Tiene pelo negro y ojos cafés.

Mi padre es de Baja California en México.

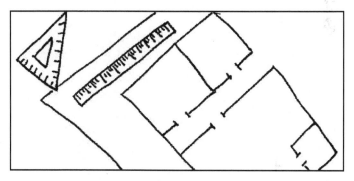

Mi padre es arquitecto.

Diseña edificios para compañías.

Mi padre toca el piano.

Mi padre juega al golf.

Mi padre lee libros románticos.

A mi padre le gusta mirar películas de terror.

A mi padre le gusta trabajar en el jardín.

¡No le gustan
los gatos!

¡No le gusta
el tráfico!

Mi hermana, Susi, tiene veintiuno años.

Su cumpleaños es el treinta de abril.

Susi tiene pelo negro y ojos azules.

Susi vive en Chicago.

Susi tiene un gato blanco.

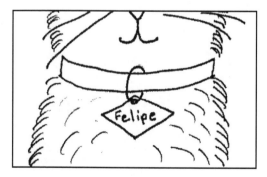

El gato se llama Felipe.

Susi es fotógrafa.

Susi toma fotos de familias.

Toma fotos de bebés y animales.

A Susi le gusta recibir flores.

A Susi le gusta cocinar.

¡A Susi no le gusta ir de compras!

Mi hermano, Eric, tiene doce años.

Su cumpleaños es el nueve de noviembre.

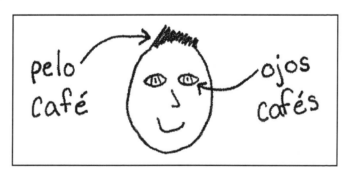

Tiene pelo café y ojos cafés.

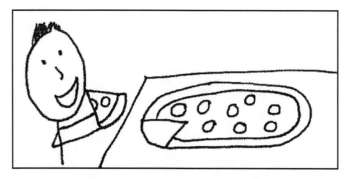

Su comida favorita es pizza.

El color favorito de Eric es verde.

Su animal favorito es el conejo.

Eric participa en muchas actividades.

Eric juega al fútbol.

Eric juega al fútbol americano.

Toca el tambor en la banda.

Canta en el coro.

Mi hermano practica las artes marciales. ¡Vuelta, vuelta!

Camilla Given

¡Aiyá, aiyá!

¡Mi familia es fantástica!

CAPÍTULO 3:

CARLOS Y SUS AMIGOS

Tengo muchos amigos. Soy muy popular.

Mis mejores amigos se llaman Marco, Nalini, Leanna y Chris.

Nalini es morena.

Leanna es rubia.

Marco es bajo y Chris es alto.

Vivo con mi amigo Marco.

Marco y yo vivimos en un apartamento en Colorado.

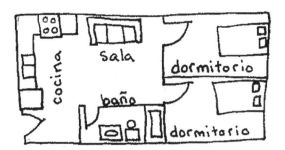

Nuestro apartamento es pequeño.

Yo trabajo en un restaurante elegante.
Marco también trabaja en un restaurante.

Marco es un chef en una pizzería.

Marco cocina muy bien.

Leanna va a la universidad.

Está en mi clase de la historia de arte.

Leanna prefiere
la escultura.

Yo prefiero
la pintura.

Leanna trabaja en una oficina como recepcionista.

Ella es multilingüe. Habla español, francés, inglés y japonés.

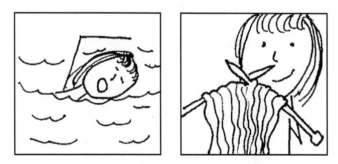

A Leanna le gusta nadar y tejer.

Nalini y Chris son novios.

Nalini y Chris caminan en la playa porque es romántico.

Ellos van al restaurante elegante porque es romántico.

Chris da rosas a Nalini.

Nalini da galletas a Chris.

Ellos se abrazan.   Ellos se besan.

Mis amigos tienen una banda.

Nalini toca el tambor. Chris toca el piano.

Marco toca la guitarra. Leanna canta.

La banda se llama fuego musical. En los conciertos mis amigos tocan y cantan. Pero yo no toco o canto.

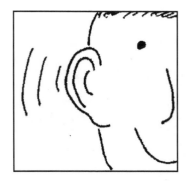

Yo escucho a su música y bailo.

Mis amigos y yo somos muy activos.

Corremos en el parque.

Caminamos en el bosque.

Nadamos en el lago.

Pescamos en el río.

Camilla Given

Hacemos ejercicio en el gimnasio.
¡Vuelta, vuelta!

Camilla Given

¡Uno, dos!

¡Me gustan mis amigos!

Soy Carlos y tengo una vida excelente.

¡Hasta luego!

GLOSARIO

A

abrazan - (they) hug

abril - April

abstracto - abstract

acampar - camp

actividad - activity

activo/a - active

agosto - August

agua - water

alto/a - tall

amarillo - yellow

amigo/a - friend

animal - animal

años - years

apartamento - apartment

árbol - tree

arquitecto - architect

arte - art

atlético/a - athletic

azul - blue

B

bajo/a - short (height)

bananas - bananas

banda - band

baño - bathroom

bebé - baby

besan - (they) kiss

blanco - white

bosque - forest

C

café - brown

caminamos - we walk

caminan - (they) walk

caminar - to walk

canta - sings

cantar - to sing

cariñoso/a - caring

celebro - I celebrate

chef - chef

chica - girl

chico - boy

chistoso/a - funny

chocolate - chocolate

cielo - sky

cincuenta - fifty (50)

clase - class

clásico - classic

cocina - cooks / kitchen

cocinar - to cook

color - color

comer - to eat

comida - food

como - I eat

compañías - companies

compras - shopping

con - with

concierto - concert

conejo - rabbit

coro - choir

corremos - we run

corro - I run

corto - short (length)

cosas - things

cuarenta - forty (40)

cuatro - four (4)

cumpleaños - birthday

D

da - gives

de - of/from

deliciosa - delicious

diecinueve - nineteen 19

dinero - money

diseña - s/he designs

doce - twelve 12

dormitorio - bedroom

edificios - buildings

E

ejercicio - exercise

el - the

elegante - elegant

ellos - they

en - in

es - is

escribir - to write

escucho - I listen

escultura - sculpture

español - Spanish

esquiar - to ski

está - is

Estados Unidos - United States

estricta - strict

estudiante - student

estudio - I study

explorar - to explore

F

familia - family

fantástico/a - fantastic

favorito/a - favorite

feo/a - ugly

fiesta - party

flaco/a - skinny

foto - photo

fotógrafa - photographer

francés - French

fresas - strawberries

fútbol - football/soccer

fútbol americano - (American) football

fuego - fire

G

galletas - cookies

gano - I earn

gato - cat

grande - big

guapo/a - handsome/ good looking

guitarra - guitar

(le) gusta - (s/he) likes

(les) gusta - (they) like

(me) gusta - (I) like

(nos) gusta - (we) like

H

hacemos ejercicio - we exercise

hamburguesas - hamburgers

hasta luego - until later

hay - there is/there are

hermana - sister

hermano - brother

historia - history

hola - hello

I

idea - idea
inglés - English
inteligente - intelligent
interesante - interesting
ir - to go

J

ja - ha
japonés - Japanese
jardín - yard
juega - s/he plays
junio - June

L

la - the
lago - lake
largo - long
las - the
lavar - to wash
lee - s/he reads
leer - to read
libros - books
limón - lemon
los - the

M

madre - mother
maestra - teacher
mamá - mom
mañana - morning
marzo - March
mejor(es) - best
mi(s) - my
mirar - to see
moreno/a - dark
    complexion/hair
montañas - mountains

muchas - many
muchos - many
multilingüe -   multilingual
músculos - muscles

N

nadamos - we swim
nadar - to swim
negro - black
*no (in front of a verb) -
    don't / doesn't
noche - night
novia - girlfriend
novio - boyfriend
novios - couple
    (girlfriend and
    boyfriend)
noviembre - November
nube - cloud
nuestro - our
nueve - nine (9)

O

oficina - office
ojos - eyes
otro - other

P

padre - father
papá - dad
parque - park
participa - participates
pastel - cake
películas - movies
pelo - hair
pequeño/a - small
pero - but
pescamos - we fish

piano - piano
playa - beach
pintura - painting
pizzería - pizza restaurant
platos - dishes
popular - popular
porque - because
prefiere - prefers
prefiero - I prefer

Q

quiero - I want/love
quince - fifteen (15)

R

rápido - fast
recepcionista - receptionist
recibir - to receive/get
religioso - religious
restaurante - restaurant
río - river
románticos - romantic
rosas - roses
rubio/a - blonde

S

sala - (living) room
*se (in front of a verb) - each other
se llama - is called/is named
siete - seven (7)
sol - sun
somos - we are
soy - I am
su - her/his

surrealista - surrealist

T

también - also/too.
tambor - drum
tarde - afternoon/evening
tengo - I have
terror - terror
tiene - s/he has
toca - play (instrument)
toma - s/he takes
trabaja - works
trabajar - to work
trabajo - I work
trabajo - work
tráfico - traffic
treinta - thirty (30)

V

va - goes
veintiséis - twenty six 26
veintiuno - twenty one 21
vida - life
vive - s/he lives
vivimos - we live
vivo - I live

U

un - a
una - a
universidad - college/university

Y

y - and
yo - I

ABOUT THE AUTHOR / ILLUSTRATOR

Camilla Given is a Spanish teacher in a rural school in Western Colorado. She enjoys finding creative ways to engage her students including drawing awesome stick figures and writing books for them. When not at work, she can be found in the mountains camping, hiking, or cross-country skiing with her family and friends.

Camilla also produces the podcast *Simple Stories in Spanish*.

You can learn more about Camilla, her novels, her podcast, and her teaching at her website www.smalltownspanishteacher.com

You can also follow Camilla on Facebook, Instagram, and YouTube @smalltownspanishteacher

OTHER BOOKS IN THE <u>CARLOS</u> SERIES

<u>CARLOS CELEBRA</u>: In this second book in the "Soy Carlos" series, Carlos enjoys celebrating events with his family and friends. He plans a surprise birthday party for his roommate, attends a wedding organized by his sister and returns home to Minnesota to celebrate Christmas with his family.

<u>CARLOS EXPLORA</u>: In this third book in the "Soy Carlos" series, Carlos enjoys exploring nature in the state of Colorado with his family and friends. He plans a trip into the desert with his mother, camps in the woods with his brother and climbs a mountain with

his friend. Carlos is sure to walk on the trail, go into nature prepared, and enjoy the wildlife and natural formations his state has to offer.

Made in the USA
Columbia, SC
06 March 2025

54742680R00041